大展好書　好書大展
品嘗好書　冠群可期

大展好書　好書大展
品嘗好書　冠群可期

武術特輯
106

楊式太極劍槍

楊愼華　著

大展出版社有限公司

作者楊慎華先生近照

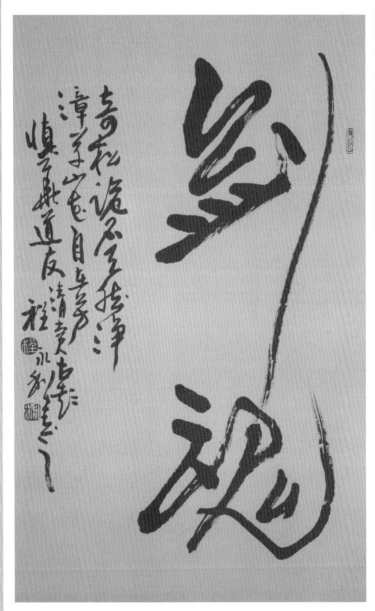

程永利先生的題詞

作者與太極拳大師傅鍾文、任世嵐先生合影

與著名楊式太極拳大師合影（前排左起：楊振鐸、傅鍾文、楊振基、楊振國；後排左起：楊慎華、任世嵐、羅鶴雲、胞弟楊慎平）

傅鍾文先生指導作者太極推手

傅鍾文先生指導作者練習劍術

作者演示太極拳「單鞭」

作者參加楊式太極劍比賽

序

　　楊式太極拳是太極拳中的一個重要流派。該拳爲
河北永年人楊露禪先生所創。他在北京傳拳時，所向
披靡，名噪京華，被人譽爲「楊無敵」。光緒皇帝的
老師翁同和曾親書對聯「手捧太極震環宇，身懷絕技
壓群英」以贊之。後經其祖孫三代的豐富完善，形成
了舒展大方、身法中正、輕靈沉著、平正樸實的風
格，深受廣大武術愛好者的喜愛。

　　我師傅鍾文先生自幼追隨太極泰斗楊澄甫先生學
習太極拳術，深得楊式太極拳眞傳，造詣頗深，爲當
代楊式太極拳一代宗師。多年來不畏高齡，不辭勞
苦，多次到徐州傳授楊式太極拳，爲徐州的楊式太極
拳發展作出了重大貢獻。

　　賢徒愼華自幼酷愛武術，尤喜太極拳術。爲人溫
和謙虛，樸實厚重。隨我學習楊式太極拳術，亦常常
得到我師傅鍾文先生的親自傳授，二十餘年如一日，
不分寒暑，勤學苦練，領悟獨到。觀其所練之拳、
刀、劍、槍，動作規矩準確，可謂形神兼備，保持了
傅鍾文先生所承傳的楊式太極拳械練法。

　　今聞賢徒愼華要將楊式太極劍槍編撰成書，甚感
欣慰，該書的出版定會爲繼承發揚中國傳統的太極武

術文化作出有益的貢獻。觀其書稿，欣然爲之作序。
望賢徒愼華爲繼承發揚楊式太極拳作出自己的貢獻。
是爲序。

楊式太極拳第五代傳人
中國永年國際太極拳聯誼會副理事長

任世岚

序

太極拳是中國的寶貴文化遺產，是中華民族傳統的辯證思想與武術、吐納術、導引術的完美結合。她博大精深，源遠流長，不僅具有強身健體和技擊的功能，而且有著深厚的文化內涵。

楊式太極拳是太極拳中的一支奇葩。此拳爲河北永年楊露禪所創。經過幾代楊式太極拳傳人的努力傳播，深受廣大武術愛好者的喜愛，成爲中華武術中流傳最廣的一支。

道友愼華自幼酷愛武術，追隨楊式太極拳第五代傳人任世嵐先生學習楊式太極拳、械，不分寒暑，勤學苦練；又有幸經常得益楊式太極拳一代宗師傅鍾文師爺的親自指點，深得楊式太極拳、刀、劍、槍、推手和散手的真傳。

愼華練拳動作樸實無華，身法中正，姿勢舒展，柔和緩慢，行雲流水，心靜意專，既自然又高雅；練劍亦姿勢優美，舒展大方，柔中寓鋼；練槍則勁整渾圓充沛，力由脊發，內勁直貫槍尖。觀愼華練拳、劍、槍，真乃藝術享受也。

愼華所編著的《楊式太極劍槍》一書爲國術典籍又添新頁，甚爲可喜。故欣然爲之作序，以示慶賀。

望吾友慎華將楊式太極拳、械發揚光大。

中國國畫院副院長
中國國學研究會研究員

程永利

楊式太極劍槍

目　錄

第一章　楊式太極劍 ……………………………………… 15

第一節　楊式太極劍的練法 ……………………………… 15

第二節　楊式太極劍的握劍方法 ………………………… 17

一、左手握劍與劍指方法 ……………………………… 17

二、右手握劍方法 ……………………………………… 18

第三節　楊式太極劍的步法 ……………………………… 21

第四節　楊式太極劍動作名稱 …………………………… 24

第五節　楊式太極劍動作圖解 …………………………… 26

第二章　楊式太極槍 …………………………………… 145

第一節　楊式太極槍概述 ……………………………… 145

第二節　楊式太極槍練法 ……………………………… 145

一、太極抖槍法 ………………………………………… 145

二、四粘槍 ……………………………………………… 150

三、四散槍 …………………………………… 156

四、四擲槍（擲摔槍）……………………………… 160

五、太極纏槍法 …………………………………… 163

後記 …………………………………………… 171

第一章
楊式太極劍

第一節　楊式太極劍的練法

　　楊式太極劍亦稱十三式劍。有十三字訣：抽、帶、提、格、擊、刺、點、崩、攪、壓、劈、截、洗。為楊式太極短器械之一。此劍法姿勢美觀，舒展大方，動作樸實，柔中寓剛，用法奧妙。然而此劍易學難精，故習練者要在明師的指導下，弄通原理，遵循一定的法則，認真默記，細心揣摩，務求每招每式的準確無誤，堅持練習，勿有間斷，日久自有所得。

　　習練楊式太極劍，首先要精神集中，保持安靜，做到平心靜氣，全身放鬆，使意識貫注到每個細小的動作中去。

　　其次，肢體上還要做到：

　　一、在練習太極劍時，頭部不可偏側與俯仰，放鬆頸項的肌肉，下頜內收，保持正直，做到虛靈頂勁。目光向前平視，不可在運動過程中「斜視」，要做到劍隨眼轉。口則微閉，舌舔上腭，呼吸自然。

　　二、要做到沉肩墜肘、腕活、手心空。沉肩即肩關節

放鬆，腋下留一拳之間隔，以使之靈活。墜肘是指肘部自然下垂，使肘尖向下，形成弧形，保持圓滿，勁力充沛，富有彈性。腕活即腕關節圓活有力。手心空即握劍之手要鬆，普通握劍大多甚固，是死把握劍，不能圓活。楊式太極劍握劍是活把劍，能圓活。其握劍法須輕鬆靈活，不可五指握劍太緊，只須拇指、食指握劍，其餘三指則時常鬆開附在劍柄上，這樣才能做到勁由脊發，自臂而直達劍尖。左手成劍指，運動中要與劍的動作相配合，不可呆板疏忽。

三、要含胸拔背，鬆腰斂臀，脊椎直而不偏，處於放鬆的狀態，這樣才能立身中正，不偏不倚，使氣沉丹田，力由脊發，運動靈活，轉化自然，下盤穩固，達到上下相隨、身劍協調的效果。

四、要分清虛實，起落輕、靈、穩，因其根在腳、發於腿，下肢運動正確與否直接影響到功架的完成和姿勢的美觀。只有這樣才能增長腿腳的鬆彈之勁，使發勁成有源之水。

另外，要做到上下相隨，內外相合。內者神意，外者軀體與劍。拳經云：「一動無有不動，一靜無有不靜。」做每一個動作都要以意為主，以腰為軸，帶動全身與劍上下連貫，協調一致，渾然一體，做到意到氣到勁到，從而達到神與身合，身與劍合。

最後，要想練好楊式太極劍，除遵守上述法則外，還必須練好楊式太極拳和經常練習太極大桿，以及堅持長期不懈的練習。

第二節 楊式太極劍的握劍方法

一、左手握劍與劍指方法

1.劍 指

食指與中指併攏伸直，無名指與小指彎曲置於手心，大拇指亦彎曲壓在無名指與小指的指甲上。（圖1、圖1附圖）

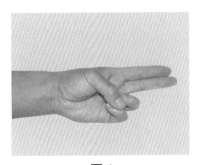
圖1

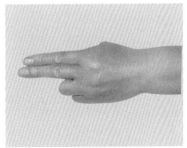
圖1附圖

2.握劍方法

手掌貼著護手，大拇指與中指、無名指、小指分別置於護手的兩側，食指伸直貼於劍柄。（圖2、圖2附圖）

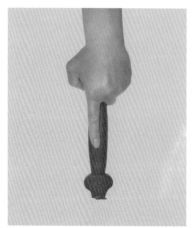

圖2　　　　　　　　圖2附圖

二、右手握劍方法

1. 正手握劍

虎口向上，大拇指與其餘四指分別置於劍柄兩側鬆握。（圖3、圖3附圖）

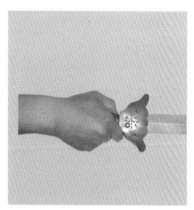

圖3　　　　　　　　圖3附圖

2.反手握劍

虎口向下，大拇指與其餘四指分別置於劍柄兩側鬆握。（圖4、圖4附圖）

 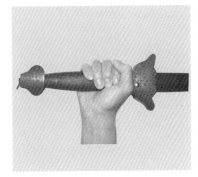

圖4　　　　　　　　　圖4附圖

3.仰手握劍

手心向上，大拇指與其餘四指分別置於劍柄兩側鬆握。（圖5）

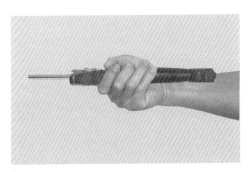

圖5

4. 俯手握劍

手心向下，大拇指與其餘四指分別置於劍柄兩側鬆握。（圖6）

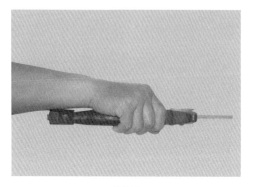

圖6

5. 撩劍握劍

手心向上，大拇指與其餘四指分別置於劍柄兩側鬆握，劍柄立於手掌心上。（圖7）

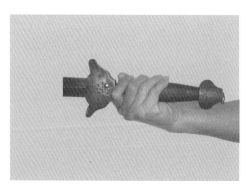

圖7

第三節　楊式太極劍的步法

1.平行站立步

兩腳與肩同寬，自然站立。（圖 8）

2.併步

兩腳併攏，自然站立。（圖 9）

圖 8

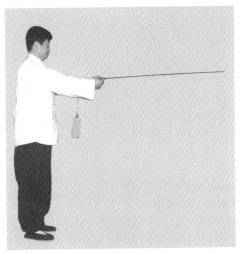

圖 9

3.獨立步

一腿自然站立，另一腿屈膝提起，腳尖自然下垂。（圖10）

圖10

4.弓步

前腳掌全部踏實，腳尖向前，屈膝下蹲，膝蓋與前腳掌中間垂直；另一腿伸直，腳掌全部踏實，腳尖外撇，後腳跟不能抬起。（圖11）

5.虛步

身體重心置於後腿，後腳掌全部踏實，腳尖外撇，屈膝下蹲；前腿微屈，前腳掌著地。（圖12）

圖 11

圖 12

第四節　楊式太極劍動作名稱

第 一 式　預備勢
第 二 式　起勢
第 三 式　三環套月
第 四 式　大魁星
第 五 式　燕子抄水
第 六 式　左右邊攔掃
第 七 式　小魁星勢
第 八 式　燕子入巢
第 九 式　靈貓撲鼠
第 十 式　鳳凰抬頭
第 十一 式　黃蜂入洞
第 十二 式　鳳凰右展翅
第 十三 式　小魁星勢
第 十四 式　鳳凰左展翅
第 十五 式　等魚勢
第 十六 式　左右龍行勢
第 十七 式　宿鳥投林
第 十八 式　烏龍擺尾
第 十九 式　青龍出水
第 二十 式　風捲荷葉
第二十一式　左右獅子搖頭
第二十二式　虎抱頭

第二十三式　野馬跳澗

第二十四式　勒馬勢

第二十五式　指南針

第二十六式　左右迎風撣塵

第二十七式　順水推舟

第二十八式　流星趕月

第二十九式　天馬飛瀑

第 三 十 式　挑簾勢

第三十一式　左右車輪

第三十二式　燕子銜泥

第三十三式　大鵬展翅

第三十四式　海底撈月

第三十五式　懷中抱月

第三十六式　哪吒探海

第三十七式　犀牛望月

第三十八式　射雁勢

第三十九式　青龍現爪

第 四 十 式　鳳凰雙展翅

第四十一式　左右跨欄

第四十二式　射雁勢

第四十三式　白猿獻果

第四十四式　左右落花

第四十五式　玉女穿梭

第四十六式　白虎攪尾

第四十七式　魚跳龍門

第四十八式　左右烏龍絞柱

第四十九式　仙人指路

第 五 十 式　朝天一炷香

第五十一式　風掃梅花

第五十二式　牙笏勢

第五十三式　抱劍歸原

第五節　楊式太極劍動作圖解

第一式　預備勢

1.面向南方，兩腿併步，自然站立，雙眼平視前方；左手手心向前，正握劍柄，劍尖向上，劍刃分向東西，劍身直豎貼靠在左臂前側，自然下垂；右手五指自然鬆開，手心向裏（東），手臂自然下垂。（圖1-1）

2.上身與兩手動作不變；左腳向左（東）邁步，兩腳平行分開，距離與肩同寬，身體自然直立；兩眼平視前方，鬆靜自然。（圖1-2）

【要點】虛領頂勁，立身中正，肩關節放鬆，兩臂放鬆自然下垂，自然呼吸，排除雜念。不可前傾後仰，左右歪斜，兩臂夾緊，挺胸，凸肚，弓背，翹臀。

第二式　起　勢

1.右手逐漸外旋，與左臂一起輕緩均勻地由下向前、向上平舉至高與肩平，兩手相距與肩同寬，兩手心皆向上。（圖1-3）

圖 1-1

圖 1-2

圖 1-3

圖 1-4

2.兩手徐徐下落至腰旁，手心向上。（圖 1-4）

3.劍身在兩手下落至兩胯前時向前（南）離開左臂，兩手從身體兩側由下向上舉至兩掌根與肩同高，兩肘下垂比肩低，手指向上，手心向前。（圖1-5）

4.兩手向前、向下落至兩胯旁；左手在下落時，反轉手心向下、向後反握劍柄，劍尖向上，劍身直豎貼靠在左臂後側；右臂自然下垂。（圖1-6）

【要點】起勢動作時，要眼視正前方。動作要連貫做出。兩臂上舉下落要輕靈圓活，速度要均勻，不可忽快忽慢及有斷續現象。兩肩要沉，不要聳肩，肩部不要緊張。肘要向下垂，不可橫肘。

圖 1-5

圖 1-6

第三式　三環套月

1.身體右轉，重心移至右腿，左腳著地變成虛步；同時，左手握劍，由下向外、向上環形屈臂收至胸前，手心向下，劍身貼在左前臂下，劍尖向左（東）；右手變劍指，由下向上側平舉至與肩同高，右肘下垂，臂微屈，劍指指向右（西），手心向前；眼視右手劍指前方。（圖1-7）

圖1-7

2.右腿下蹲，身體左轉，左腳向左前（東）邁出，先以腳跟著地，隨著重心移向左腿而至全部踏實，弓左腿，蹬右腳，成左弓步，同時身體轉向左方（東）；左手握劍，隨著身體左轉向下、向左弧形落至左胯旁，劍尖向上，劍身貼在左臂後側；同時，右手劍指隨著重心前移和身體左轉，經耳旁向前方（東）推出，右肘下垂，臂微

圖1-8   圖1-9

屈，手指向上，手心向前（東）；目視前方（東），眼神
關及右手劍指。（圖1-8、圖1-9）

3.左腳以腳跟為軸，腳尖外撇，身體重心移向左腿，
右腳向前（東）邁出半步，腳尖點地成虛步；同時，左手由
下向外、向上屈臂環形收至胸前，手心向下，劍身貼在左前
臂下，劍尖向左（北）；右手劍指由上向下落至右胯旁；鬆
開劍指變掌，由下向外、向前屈臂環形收至左手下方，手心
向裏，手扶劍穗；目視前方。（圖1-10、圖1-11）

4.右手向裏、向上、向前小環形攬劍穗，然後兩手同
時由上向下落至兩胯旁；右腳稍抬起，然後放下，成腳尖
外撇，身體重心向前移向右腿；左腳抬起向前方邁出
（東），先以腳跟著地，隨著身體重心向前移向左腿而至
全部踏實，弓左腿，蹬右腳，成左弓步；兩手同時隨著重
心轉向左腿由下向上、向外、向前弧形舉至胸前，左手握

劍，劍身貼在左前臂下，劍尖指向左後（西北）；右手貼在劍柄之上，兩手心皆朝下方；目視前方。（圖 1–12—圖 1–14）

圖 1–10

圖 1–11

圖 1–12

圖 1–13

圖 1-14

【要點】左弓步時身體不可前俯，後腳跟不可拔起。
手前伸時不宜太直，肘要下垂。成右虛步時，左腿站立要
穩，不可歪斜與搖晃。動作連貫協調，速度要均勻，不要
出現忽快忽慢或有斷續現象。呼吸要自然。

第四式　大魁星

1. 左腳尖裏扣踏實，身體同時右轉，右腳隨即向前與
左腳併步，距離稍窄於肩；右手接劍，隨著身體右轉由上
向下撩劍；左手在右手接劍後變劍指附在右腕旁，手心向
下；眼神隨劍的動作而轉動。（圖 1-15、圖 1-16）

2. 身體重心移至右腿；右手向右撩劍至身體右側將盡
時，右前臂外旋，翻轉手心向前（南），劍尖指向右
（西）方；左手劍指隨之附在右腕旁，手心向下；眼視劍
尖前方。（圖 1-17、圖 1-18）

圖1-15

圖1-16

圖1-17

圖1-18

3. 身體重心不變，身體左轉，右腿直立，左腿屈膝提起至大腿與地面平，腳尖自然下垂；同時，右手握劍，由

圖 1–19

圖 1–20

下向上、向前（東）環形平刺，舉至頭部上方，手心向外；左手劍指由下向上、向前（東）環形推出，手心向外；眼神隨劍的動作向劍指前方看。（圖1–19）

【要點】向下、向右撩劍時，劍身要靠近身體，不可離身體過遠。翻腕要乾脆。右腿站立要站穩，不可歪斜與搖晃。握劍手臂要成弧形，肩部要放鬆。劍身要與地面大致平行，劍尖不可太過朝上或下垂。左手前伸時要垂肘，手臂不可太直。

第五式　燕子抄水

1. 獨立姿勢不變，身體右轉；右手握劍，由上向下、往右後（西南）劈至與肩平；左手劍指隨著右手動作環形置於右肘旁，高與右肘平；眼視劍尖前方。（圖1–20）

2.右腿下蹲，身體左轉，左腳向左前（東北）邁出一步，先以腳跟著地，隨著身體重心移向左腿而至全腳踏實，弓左腿，蹬右腿，成左弓步；同時，右手握劍，右前臂外旋，由上向下、向前、向上環形平帶，劍尖指向左前上（東北）方，手心向上；同時左手劍指由上向下、向前、向上環形至頭部左上方，手心向外；眼神隨劍的動作向劍尖前上方看。（圖1–21—圖1–23）

圖 1–21

圖 1–22

圖 1–23

【要點】動作1左右手的動作要同時完成，動作要乾脆。動作2要一氣呵成，動作協調。手的動作要與弓步同時完成，不可斷續或忽快忽慢。左臂成弧形，左肘不可上翹，要下垂。右臂要微屈，不可太直。劍尖向下撩時要靠近地面。

第六式　左右邊攔掃

1.右腳提起，向右前（東南）邁出一步，先以腳跟著地，隨著身體重心移向右腿而至全腳踏實，弓右腿，蹬左腿，成右弓步，身體隨著右轉；同時，右前臂內旋，右手握劍，翻手心向下，使劍身由左上往後、向下落，與地面平行，然後以劍之外刃向右後平掃，手部略低於肩，劍身與地面平行，劍尖斜向左（東北）；左手劍指附於右手腕旁，手心向下；眼神隨劍的動作而轉。（圖1-24—圖1-27）

圖1-24　　　　　　　　　圖1-25

圖 1-26

圖 1-27

2.身體微右轉，左腳提起向左前（東北）邁出，先以腳跟著地，隨著身體重心移向左腿而至全腳踏實，弓左

腿，蹬右腿，成左弓步，身體隨著左轉；同時，右前臂外旋，右手握劍，翻手心向上，劍身平行地面，劍尖向後（西）；身體隨著重心移向左腿而左轉；同時，右手握劍，以劍之外刃向左前弧形平掃，劍身略低於胸，劍尖斜向右前方（東南），手心向上；左手劍指隨之附於右手腕旁，手心向下；眼神隨劍的動作而轉。（圖1-28—圖1-31）

【要點】向前邁步時落腳要輕靈穩健，不可落地太重。要以腰帶臂，以臂帶手，與弓步同時完成，不要只是上肢在動。兩臂的動作要協調。

圖1-28

圖1-29

圖 1-30

圖 1-31

第七式　小魁星勢

1.身體重心不變；右前臂內旋，右手握劍，翻手心向下；眼視前方。（圖1-32）

2.右腳提起向右前（東南）邁步，腳尖外撇，身體重心移向右腿；同時，右手握劍，向上、向左、往下落至劍尖斜指地面，右手置於腹前，手心向裏；左手劍指隨之附於右手腕旁，手心向下；眼神隨劍的動作而轉。（圖1-33）

圖1-32

圖1-33

圖 1-34

3.上動不停。左腳向前（東南）邁半步，前腳掌著地成虛步；同時，右手握劍，隨左腳上步由下向前、向上提起，劍尖斜向前下方，手心向外，環形置於右額前方；左手劍指隨之附於右手腕旁，手心向外；眼視前方。（圖1-34）

【要點】上左步要與上提劍同時完成。成左虛步時右腿站立要穩，不可搖晃與歪斜。兩手臂要圓，肩部要放鬆，不可緊張。兩肘要下垂，不可向上翹肘。

第八式　燕子入巢

1.左腿屈膝提起，以右腳掌為軸，身體向左後轉體至面向左後（西北）方，左大腿與地面平，腳尖自然下垂；同時，右手握劍，隨轉體下落至右胯旁，劍尖指向左後

（西北）方，手心向裏；左手鬆開劍指，隨轉體下落至左膝旁；眼視前方。（圖1-35、圖1-35附圖）

2. 右腿下蹲，左腳向前（西北）邁出，先以腳跟著地，隨著重心移向左腿而至左腳全部踏實，弓左腿，蹬右腳，成左弓步；同時，兩手握劍，右手外旋，隨重心移向左腿向前下方刺去，兩手心皆向上；眼視前下方。（圖1-36、圖1-37）

【要點】轉身時身體要穩，不可前俯後仰，左右歪斜與搖晃，身體上下保持一條線，落腳方向要正確。兩手握劍時兩臂要圓滿，不可太直。刺劍要與弓步同時完成，身體不可前俯，後腳跟不可抬起。

圖1-35

圖1-35附圖

圖 1-36

圖 1-37

第九式　靈貓撲鼠

1.左腳尖外撇，左腿直立，右腳向前屈膝提起至大腿與地面平，腳尖自然下垂；兩手握劍回收至腹前，劍尖微向前下指；眼視劍尖前方。（圖1-38）

2.左腿下蹲，身體重心下沉；同時，兩手握劍向腹前回抽，劍尖斜向前上方，兩手心皆向上；眼視前方。（圖1-39）

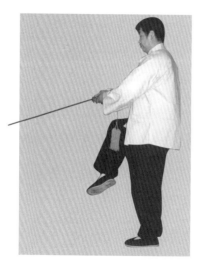

圖1-38

圖1-39

3.右腳向前（西北）邁出，先以腳跟著地，隨著重心移向右腿而至全部踏實，弓右腿，蹬左腳，成右弓步；同時，兩手握劍向前下方刺去，兩手心皆向上；眼視前下方。（圖1-40、圖1-41）

圖 1-40

圖 1-41

4.右腳尖外撇，右腿直立，左腳向前提起至大腿與地面平行，腳尖自然下垂；兩手抱劍回收至腹前，劍尖微向前下指；眼視劍尖前方。（圖1-42）

5.左腳向前跳步，落腳時腳尖外撇；兩手握劍下沉，使劍尖斜向上；眼視前方。（圖1-43）

圖 1-42

圖 1-43

6.右腳向前（西北）邁出，先以腳跟著地，隨著重心移向右腿而至全部踏實，弓右腿，蹬左腳，成右弓步；右手握劍向前下方刺去，手心向上；同時，左手變劍指，由下向外、向上隨左前臂內旋環形置於左額前上方，手心向外；眼視劍尖前方。（圖1-44、圖1-45）

【要點】單腿直立時要穩，不可歪斜與搖晃。向前跳步要輕靈敏捷，不可過大。左臂要圓滿，肘要下垂，不可上翹，右臂不要太直。弓步時身體不可前俯，後腳跟不可抬起。

圖 1-44

圖 1-45

圖 1-46

第十式　鳳凰抬頭

　　弓步不變；左手劍指由上向下壓在劍柄上，手心向下，兩手同時下沉；右手握劍，用腕力向上崩起，劍尖斜向前上方，右手心向上；眼視劍尖。（圖1-46）

　　【要點】左手下落時，右手握劍微上抬。崩劍時兩手腕要同時下沉。兩手的動作要協調，動作要乾脆，不可生硬。

第十一式　黃蜂入洞

　　1. 身體重心不變，以右腳跟為軸，腳尖裏扣；右前臂內旋，右手握劍，翻手心向下，劍身與地面平，劍尖斜指左前（西南）方；左手外旋，鬆開劍指變掌，手心向裏，

置於右手腕旁；眼視左前方。（圖 1-47）

2.身體重心不變，上體姿勢不變，身體左轉，同時，左腳提起向左後（東南）邁步，腳尖外撇；眼視前方。（圖 1-48）

3.上體動作不變；身體重心向前移至左腿，右腳提起向左前（東南）邁出一步，右腳尖裏扣；身體重心向前移至右腿，左腳尖同時外撇；眼視前方。（圖 1-49）

圖 1-47

圖 1-48

圖 1-49

4. 身體重心不變，右腿直立，左腳向前提起至左大腿與地面平，腳尖自然下垂；同時，右手握劍下落至右胯旁，劍尖指向左後（西北）方，手心向裏；左手下落至左膝上；眼視前方。（圖1-50、圖1-50附圖）

5. 右腿下蹲，同時左腳向前（西北）邁出，先以腳跟著地，隨著身體重心移向左腿而至全腳踏實，弓左腿，蹬右腿，成左弓步；兩手握劍向前方刺去，兩手心皆向上；眼視前下方。（圖1-51、圖1-52）

【要點】右手翻手心向下時手要微上抬，動作要自然。動作2、3、4、5要連貫做出，速度要均勻，不可斷續或忽快忽慢。上步落腳時，方向要正確。弓步時身體不可前俯，後腳跟不可抬起。

圖 1-50

圖 1-50 附圖

圖 1-51

圖 1-52

第十二式　鳳凰右展翅

1. 身體重心不變，左腳尖裏扣，身體向右轉；同時，右前臂內旋，翻手心向下，使劍身與地面平；左手劍指附

於右前臂上，手心向下；眼視前方。（圖 1–53、圖 1–53
附圖）

圖 1–53

圖 1–53 附圖

2.身體右轉，右腳提起向右前（東南）方邁出一步，
先以腳跟著地，隨著身體重心移向右腿而至全腳踏實，弓
右腿，蹬左腿，成右弓步；同時，右手握劍，由下向右前
上方掃出，右前臂邊掃邊外旋，翻手心向上；左手劍指向
左下方弧形展開，手心向下；眼視劍尖前上方。（圖1–
54、圖1–55、圖1–55附圖）

【要點】右手翻手心向下時手要微上抬，動作要自
然，與左腳裏扣同時完成。右腳邁步方向要正確，腿的移
動要走弧形，要與轉身一致，不可先轉身再邁步。右手握
劍由下向右前上方掃出時，右前臂要邊掃邊外旋，翻手心
向上，要隨腰而轉，不可先翻手再向右前上方掃出。兩手
動作要與弓步協調一致，同時完成。

圖1–54

圖 1-55

圖 1-55 附圖

第十三式　小魁星勢

1. 身體左轉，身體重心向後移至左腿；同時，右手握劍，隨右前臂外旋由上向下、往身體左後劈，手心向裏；左手劍指隨之向前附於右手腕旁，手心向下；隨即身體微右轉，右腳提起向左前（東南）邁出，腳尖外撇成虛步；眼視前方。（圖1–56）

2. 身體重心向前移至右腿，同時身體右轉；右手握劍，手由上向下、向前畫至腹前，劍尖斜指地面，手心向裏；左手劍指隨之置於右手腕旁，手心向下。（圖1–57）

圖 1–56

圖 1–57

圖 1-58   圖 1-59

3.左腳提起向前（東南）邁出，前腳掌著地成虛步；
同時，右手握劍，隨左腳上步由上向下、向前、向上提
起，劍尖斜向前下，右手虎口向下，手心向外環形置於右
額前方；左手劍指置於右手腕旁，手心向外；眼視前方。
（圖 1-58）

【要點】同第七式小魁星勢。

第十四式　鳳凰左展翅

身體重心不變，左腳提起向身體左後（西北）方撤
步，左腳尖外撇，身體左轉，隨之右腳尖微內扣；同時，
右手握劍，由上向前下方推出，右手虎口向下，手心向
外；左手劍指由上向下、往左後展開，置於左胯外側，手
心向下；眼視劍尖前方。（圖 1-59）

【要點】左腳向後撤步時，要先以前腳掌著地，落腳要輕靈穩健，方向要正確。轉身要與後撤步相協調。兩手的動作與後撤步同時完成。

第十五式　等魚勢

1. 身體重心向後移至左腿；同時，右手握劍，向下、往左後刺出，將劍置於身體左側；眼隨劍轉，眼視劍尖。（圖1-60）

2. 身體重心不變，身體右轉，右腳提起向前（東）邁出半步成虛步；同時，右手握劍，繼續由下向上畫弧；左手劍指由下向外上、往前下置於右手腕旁，手心向下；眼神轉向前方。（圖1-61）

3. 身體不變；右手握劍，反手用腕力將劍向下點，手心向上；左手劍指隨之置於右手腕旁，手心向下；眼視前

圖1-60　　　　　　　　圖1-61

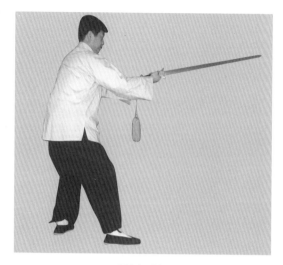

圖 1-62

方。（圖 1-62）

【要點】重心後移至左腿時左腿要穩，身體要中正直立，不可左右歪斜或搖晃。右手握劍由上向左下、向上時，劍身要靠近身體，不可離身太遠。右腳邁步時要輕靈，要以前腳掌著地。翻手點劍要用腕力下點，動作要乾脆，與身步同時完成協調一致。動作 2、3 要連貫做出。

第十六式　左右龍行勢

1. 身體重心不變；右手握劍往回抽至腹前；左手劍指隨之附於右手腕旁，手心向下；同時，右腳向上提起，腳尖自然下垂；眼視前方。（圖 1-63）

2. 提起右腳向右前（東南）邁出一步，先以腳跟著地，隨著身體重心移向右腿而至全腳踏實，弓右腿，蹬左腿，成右弓步；同時，右前臂內旋，右手握劍，翻手心向

圖 1-63

下，隨著重心前移將劍向左前（東北）方平行地面刺出；
左手劍指隨之附於右手腕旁，手心向下；眼視前方。（圖
1-64、圖 1-65）

圖 1-64

圖 1-65

3.身體重心不變，左腳向前提起，腳尖自然下垂；同時，右手握劍，往身體右側回抽，然後右前臂外旋，翻轉手心向上，將劍柄置於腹前，劍身與地面平行；左手劍指隨之附於右手腕旁，手心向下；眼視前方。（圖 1-66、圖 1-67）

4.提起左腳向左前方（東北）邁出一步，先以腳跟著地，隨著身體重心移向左腿而至全腳踏實，弓左腿，蹬右腿，成左弓步；右手握

圖 1-66

圖 1-67

劍，隨著重心前移將劍向右前方（東南）平行地面刺出；
左手劍指隨之附於右手腕旁，手心向下；眼視前方。（圖
1-68、圖 1-69）

圖 1-68

圖 1-69

5.身體重心不變；右手握劍，往回抽至腹前；左手劍指隨之附於右手腕旁，手心向下；同時，右腳向前提起，腳尖自然下垂；眼視前方。（圖 1-70、圖 1-71）

圖 1-70

圖 1-71

6. 提起右腳向右前（東南）邁出一步，先以腳跟著地，隨著身體重心移向右腿而至全腳踏實，弓右腿，蹬左腿，成右弓步；同時，右前臂內旋，右手握劍，翻手心向下，隨著重心前移至右腿將劍向左前方（東北）平行地面刺出；左手劍指隨之附於右手腕旁，手心向下；眼視前方。（圖 1-72、圖 1-73）

【要點】轉身向前邁步時上體要正直，身體不可搖晃歪斜或前俯後仰，

圖 1-72

圖1-73

尾閭要中正，不可凸臀。成弓步時後腳跟不可抬起。劍向前刺時要與地面平行。劍身不可與地面有夾角。刺劍要與弓步同時完成。

第十七式　宿鳥投林

1. 身體重心不變；右前臂外旋，右手握劍，翻手心向上；左手劍指由上向下、往後畫弧；左腳向前邁半步；將劍往下回抽，劍尖斜向前上方；左手劍指由下往後、向上、往前畫弧，置於右手腕旁，手心向下；眼視前方。（圖1-74）

2. 身體重心向後移至左腿；同時，右手握劍，繼續回抽至腹前，手心向上，劍尖斜向前上方；左手劍指隨之置於右手腕旁，手心向上。（圖1-75）

3. 右腳提起向前邁步，先以腳跟著地，隨著身體重心

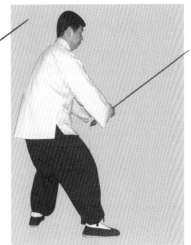

圖 1-74　　　　　　　　　圖 1-75

前移向右腿而至全腳踏實，然後右腿直立；隨即左腳向前
提起至大腿與地面平行，腳尖自然下垂；同時，右手握
劍，隨重心前移向前上方刺
去，手心向上；左手劍指隨之
置於右手腕後側，手心向下；
眼視前上方。（圖 1-76－圖
1-78）

【要點】動作 1、2、3 要
連貫做出。劍刺出與獨立步同
時完成。右腿站立要穩，上身
要直立，不可左右歪斜搖晃或
前俯後仰。手向前伸時不可太
直，兩肘要下垂，不可上翹。

圖 1-76

圖 1-77 　　　　　　　圖 1-78

第十八式　烏龍擺尾

1. 左腳下落至右腳旁，與右腳併步，身體左轉，重心向後移至左腿；同時，右手握劍回收，手心向裏，劍尖斜指左上方；左手劍指外旋，手心向裏，兩前臂交叉，左手在裏；眼視右前方。（圖 1-79）

2. 身體重心不變，左腿微下蹲，右腳提起向前方（南）邁半步，前腳掌著地成虛步；同時，右手握劍，由上向左下、往膝前下截，劍尖斜向下，手心向下；左前臂內旋，左手劍指向外（北）弧形展開，手心向外；眼視劍尖。（圖 1-80）

【要點】身體要直立，不可前俯後仰或歪斜搖晃。下截劍時要乾脆，要與右轉身和虛步協調一致，同時完成。

圖 1-79　　　　　　　　　　圖 1-80

第十九式　青龍出水

1. 提起右腳，然後原地落下，腳尖外撇，身體重心移至右腿，右腿下蹲；同時，右手握劍，向前、向外、向內畫一弧形，隨之翻手心向上；左手劍指由上向下收至腹前，手心向裏；眼視前方。（圖 1-81）

2. 左腳提起向前邁出一步，先以腳跟著地，隨著身體重心移向左腿而至全腳踏實，弓左腿，蹬右腿，成左

圖 1-81

圖1-82   圖1-83

弓步;同時,右手握劍,由下向前上方刺去,肘下垂,臂
微屈,手心向上;左手劍指由下向前上方環弧形置於頭部
前上方,臂為弧形,手心向外;眼視劍尖前方。(圖1-
82、圖1-83)

【要點】右腳提起落下要輕靈穩健,落地不可過重。
右腿動作與弧形收劍、左腿動作與刺劍要協調。弓步時身
體不可前俯,後腳跟不可抬起。

第二十式　風捲荷葉

1.身體重心不變,以左腳跟為軸,腳尖裏扣,身體向
右轉;同時,右前臂內旋,右手握劍,翻手心向下,向右
下抽劍收至腹前,劍身平行地面;左手劍指隨之置於右手
腕旁,手心向上;眼視前方。(圖1-84)

圖 1-84　　　　　　　　圖 1-85

2.上肢不動；右腳提起回收，與左腳併步；身體繼續向右轉至面向前（西）方，身體重心移至右腿；眼視前方。（圖 1-85）

3.身體重心不變，左腳提起往後（東）撤步；同時，右手握劍，與左手劍指一齊向前平推劍至與胸同高，劍尖指向左（南）方，兩手心皆向下；眼視前方。（圖 1-86）

4.身體重心不變；右前臂外旋，右手握劍，翻手心向上，劍尖指向右上方；左手劍指隨之置於右手腕旁，手心向上；眼視前方。（圖 1-87）

圖 1-86

圖 1-87

5. 身體左轉，重心向後移至左腿；同時，右手握劍，與左手劍指一齊向下、往後收至腹前，劍尖斜指向前上方；眼視前方。（圖 1-88）

圖 1-88

【要點】右手翻轉手心向下時手要微上抬，翻轉要圓活，並要與左腳尖裏扣同時完成。轉身時要以腰帶動，向前推劍時要與左腿後撤同時完成，不可先完成一個再完成另一個。上身要直立，不可歪斜或搖晃。左右手的動作要與轉身協調一致，連貫做出，不可間斷。

第二十一式　左右獅子搖頭

1. 身體重心不變，右腳提起往後（東）撤步；同時，右手握劍向前（西）刺去，手心向上；左手劍指隨之置於右手腕旁，手心向下；眼視前方。（圖 1-89）

2. 身體重心向後移至右腿；右手握劍，隨右前臂內旋，翻手心向下，往後、向下收至腹前，劍尖斜指向前上方；左手劍指隨之置於右手腕旁，手心向下；眼視前方。（圖 1-90）

圖 1-89

圖 1–90

3.身體重心不變，左腳提起往後（東）撤步；同時，
右手握劍向前（西）刺去，手心向下；左手劍指隨之置於
右手腕旁，手心向下；眼視前方。（圖 1–91）

圖 1–91

4. 身體重心向後移至左腿；右手握劍，隨右前臂外旋，翻手心向上，往後、向下收至腹前，劍尖斜指向前上方；左手劍指隨之置於右手腕旁，手心向下；眼視前方。（圖1-92）

圖 1-92

5. 身體重心不變，右腳提起往後（東）撤步；同時，右手握劍向前（西）刺去，手心向上；左手劍指隨之置於右手腕旁，手心向下；眼視前方。（圖1-93）

圖 1-93

圖 1-94　　　　　　　　圖 1-95

6. 身體重心向後移至右腿；右手握劍，隨右前臂內旋，翻手心向下，往後、向下收至腹前，劍尖斜指向前上方，手心向下；左手劍指隨之置於右手腕旁，手心向下；眼視前方。（圖 1-94）

【要點】當一腿向後撤步時，另一支撐腿站立要穩，身體不可前俯、上升或降低。向後撤的腿要先以前腳掌著地，落腳時兩腳不可在同一條線上。變換動作時劍要向前弧形前刺，與後退步一致。回收劍時要有弧度，不可直接向回抽劍。

第二十二式　虎抱頭

1. 身體重心不變，左腳尖外撇，身體左轉；右手握劍，向右胯旁（北）展開，同時右前臂外旋，翻手心向

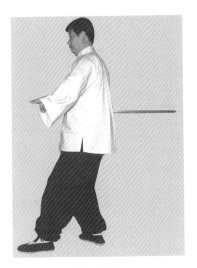

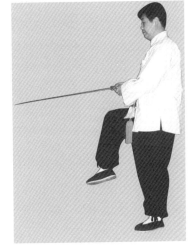

圖 1-96　　　　　　　　圖 1-97

上，劍尖指向後（東）方，劍身與地面平；左手劍指向左
胯旁（南）展開，手心仍向下；眼視前方。（圖 1-95、圖
1-96）

　　2.身體重心向前移至左腿，左腿直立，右腿向前屈膝
提起至大腿與地面平，腳尖自然下垂；同時，右手握劍向
前（西）弧形平掃，劍身與地面平；同時左手鬆開劍指，
左前臂外旋向裏合，與右手同抱劍，手心向上，在右手下
面，兩手置於右膝上；眼視前方。（圖 1-97）

　　【要點】兩手展開翻手要與左腳尖外撇及身體左轉同
時完成，不可出現斷續或上下脫節的現象。兩手抱劍時兩
臂要圓撐，兩肘要下垂，不可上翹。左腿站立要穩，身體
要直，不可歪斜或搖晃。

第二十三式　野馬跳澗

1.左腿下蹲，身體重心下沉；同時，兩手握劍向腹前回抽，劍尖斜向前上方，兩手心皆向上；眼視前方。（圖1-98）

2.右腳提起向前（西）邁出一步，先以腳跟著地，隨著重心移向右腿而至全部踏實，弓右腿，蹬左腳，成右弓步；同時，兩手握劍向前下刺去，兩手心皆向上；眼視前下方。（圖1-99、圖1-100）

3.右腳尖外撇，右腿直立，左腿向前屈膝提起至大腿與地面平，腳尖自然下垂；兩手握劍回收至腹前，劍尖微向前下指；眼視前方。（圖1-101）

4.左腳向前跳步，落地時腳尖外撇；兩手握劍下沉，使劍尖斜向上；眼視前方。（圖1-102）

圖1-98

圖1-99

圖 1-100

圖 1-101

圖 1-102

5. 右腳提起向前（西）邁出一步，先以腳跟著地，隨著重心移向右腿而至全腳踏實，弓右腿，蹬左腳，成右弓步；同時，兩手握劍向前下方刺去，手心向上；眼視前下

方。（圖 1–103、圖 1–104）

　　【要點】跳步要遠，落步要輕靈穩健。其他要點與第九式靈貓撲鼠相同。

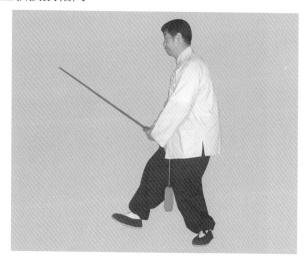

圖 1–103

圖 1–104

第二十四式　勒馬勢

1. 身體重心不變，右腳尖裏扣，身體左轉；同時，兩手抱劍往身前回收至右肩前，微扣腕使劍身在身右；眼隨身轉，眼視前方。（圖1-105）

2. 身體左轉，左腳提起向前（東）方邁出一步，先以腳跟著地，隨著身體重心移向左腿而至全腳踏實，弓左腿，蹬右腿，成左弓步；同時，兩手抱劍向上，用劍身向前（東）方拍去，劍身與地面平，兩手心皆向上；眼視前方。（圖1-106、圖1-107）

【要點】兩手要以腰帶動回收，右腳尖裏扣要到位。轉身時重心不可向左移形成雙重。拍劍是指用劍脊拍不是用劍刃，要與弓步協調一致，同時完成，右腳後跟不可抬起。

圖 1-105

圖 1-106

圖 1-107

第二十五式　指南針

1.身體重心向後移至右腿，左腿向上提起至大腿與地

面平，腳尖自然下垂；同時，兩手握劍回抽至腹前，劍身與地面平，兩手心皆向上；眼視前方。（圖1-108、圖1-109）

圖 1-108

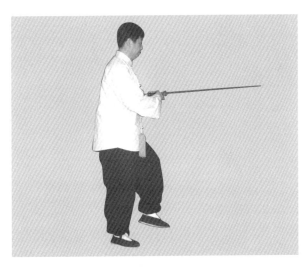

圖 1-109

2. 左腳向前邁步，先以腳跟著地，隨著身體重心移向左腿而至全腳踏實，隨即右腳提起向前與左腳併步，兩腿直立；同時，兩手抱劍向前（東）方平刺，劍身與地面平，兩手心皆向上；眼視前方。（圖1-110、圖1-111）

【要點】身體重心向後移至右腿時，身體不可後仰，肩部不可上聳，兩肘不可向兩邊橫開，要下垂。向前進步身體

圖 1-110

直立時，不可前俯，兩腿不可繃直。肩部要沉，不可聳肩。兩手前伸不可太直，兩肘微下垂，不可上翹。

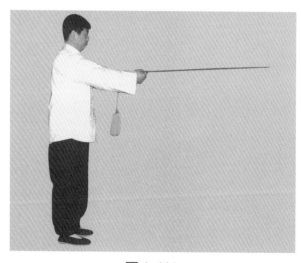

圖 1-111

第二十六式　左右迎風撣塵

1.身體重心移至右腿，右腿下蹲，身體右轉；兩手握劍，往右後回收至右胸前，劍身直豎，劍尖向上；左手變劍指隨之置於右手腕旁，手心向下；眼視前方。（圖1-112）

2.身體右轉，左腳向前提起向前邁出一步，後腳跟著地；同時，右手握劍向右後撩，劍身斜向後；左手劍指隨之置於右手腕旁，手心向下；眼視前方。（圖1-113、圖114）

圖 1-112

圖 1-113

圖 1-114

3.身體左轉，左腳隨著身體重心移向左腿而至全腳踏實，弓左腿，蹬右腿，成左弓步；同時，右手握劍，用腕力向前下（東）方點劍，劍身斜向上，手心向外（北）；左手劍指隨之置於右手腕旁，手心向下；眼視前方。（圖1-115）

4.身體左轉，右腳向前提起，腳尖自然下垂；同時，右手握劍向左後撩，劍身斜向後；左手劍指隨之置於右手腕旁，手心向下；眼視前方。（圖1-116）

5.右腳向前（東）邁出一步，先以腳跟著地，隨著身體重心移向右腿而至全腳踏實，弓右腿，蹬左腿，成右弓步；同時，右手握劍，用腕力向前下（東）方點劍，劍身斜向上，手心向外（北）；左手劍指隨之置於右手腕旁，手心向下；眼視前方。（圖1-117、圖1-118）

圖1-115

圖1-116

圖 1-117　　　　　　　圖 1-118

　　6. 身體右轉，左腳向前提起，腳尖自然下垂；同時，右手握劍向右後撩，劍身斜向後；左手劍指隨之置於右手腕旁，手心向下；眼視前方。（圖 1-119）

圖 1-119

7. 身體左轉，左腳提起向左前方（東北）邁出一步，先以腳跟著地，隨著身體重心移向左腿而至全腳踏實，弓左腿，蹬右腿，成左弓步；同時，右手握劍，用腕力向前下（東）方點劍，劍身斜向上，手心向外（北）；左手劍指隨之置於右手腕旁，手心向下；眼視前方。（圖1-120、圖1-121）

【要點】單腿站立時要穩，腰要鬆，不可歪斜與搖晃。轉身時不可轉體過大。向前邁步落地時兩腳不可在一條線上。出劍時要用腕力向下點劍，手腕要靈活，向下點劍前兩腕要放鬆靈活乾脆，不可僵硬，要與弓步同時完成，不可上下脫節。

圖1-120

圖1-121

第二十七式　順水推舟

1. 身體重心不變，左腳尖裏扣，身體向右轉；同時，右手握劍，向下回收至腹前，手心斜向裏，劍身與地面平，劍尖向左（東）方；左手劍指隨之置於右手腕旁，手心向下；眼視前方。（圖1-122）

2. 身體右轉，右腳提起向前（西）邁步，先以腳跟著地，隨著身體重心移向右腿而至全腳踏實，弓右腿，蹬左腿，成右弓步；同時，右手握劍向右（西）撩，隨之右前臂外旋，翻手心向前（南），劍身平行地面，劍尖指向右（西）方；左手劍指隨之置於右手腕旁，手心向下；眼視前方。（圖1-123、圖1-124）

圖 1-122

圖 1-123

圖 1-124

3. 身體重心不變；身體左轉，左腳提起向前（南）邁步，成虛步；同時，右手握劍向上舉起，劍尖斜向前上方，手心向外；左手劍指隨之置於右手腕旁，手心向下；眼視前方。（圖 1-125）

4. 身體左轉，身體重心向前移至左腿而成左弓步；同時，右手握劍向前下推刺，手心向外，劍身斜向下；左手劍指隨之置於右手腕旁，手心向下；眼視前方。（圖 1-126、圖 1-126 附圖）

【要點】右手翻轉手心向下時手要微上抬，翻轉要圓活，並要與左腳尖裏扣同時完成，左腳尖裏扣要到位。劍向身體右後方撩時要靠近身體，不可離得太遠。轉身時要以腰帶動，做到上下相隨。劍向前下刺時要有向前推的動作，與弓步同時完成。兩臂要圓撐，兩肘下垂，不可上翹。

圖 1-125

圖 1-126

圖 1-126 附圖

第二十八式 流星趕月

1.身體重心不變；上身與兩手的動作不變；左腳尖裏扣，身體右轉；眼視前方。（圖1-127）

2.右腳提起向前方（西）邁步，先以腳跟著地，隨著身體重心移向右腿而至全腳踏實，弓右腿，蹬左腿，成右弓步；同時，右手握劍，向上、向右下環形下劈，劍尖斜向下，手心向外；左手劍指隨之由上向下、向身體左後展開，手心向下；眼視前方。（圖1-128）

【要點】左腳裏扣要到位，不可過大，右腳邁步方向要正確，落步要輕。劍下劈要用腕力下點，與弓步同時完成。身體不可前俯，後腳跟不可抬起。

圖1-127

圖1-128

第二十九式　天馬飛瀑

1.重心不變，身體左轉，左腳提起向前（南）邁步，腳尖外撇成虛步；同時，右前臂外旋，右手握劍，翻手心向上，使劍身在身體後方，劍尖指向身體斜後下方；同時左手劍指置於左胯旁，手心向下；眼視前方。（圖1-129）

2.身體重心向前移至左腿，右腳提起向前（南）邁出半步，前腳掌著地成虛步；同時，右手握劍，由身後向上、往前下劈，劍尖斜指地面；左手劍指隨之置於右手腕旁，手心向下；眼視前下方。（圖1-130）

【要點】成虛步時支撐腿要站穩，身體要直立，不可歪斜或搖晃。劍下劈要用腕力下點，要與虛步同時完成。

圖1-129

圖1-130

第三十式　挑簾勢

1. 身體重心不變；右前臂內旋，右手握劍，向上、向左、向下翻轉手心向下小環形置於腹前，手心向裏，劍身平行地面，劍尖指向左（東）方；左手劍指隨之置於右手腕旁，手心向下；眼視前下方。（圖 1–131）

2. 右腳提起向右前方（西）邁半步，腳尖外撇，身體右轉，隨即身體重心向前移至右腿；同時，右手握劍向下撩，劍尖斜向下；左手劍指隨之置於右手腕旁，手心向下；眼隨劍轉。（圖 1–132、圖 1–133）

3. 身體右轉，左腿向前提起至大腿與地面平，腳尖自然下垂，右腿直立；同時，右手握劍，由左下向前、向上提起，劍身與地面平，右手置於右額右上方，手心向外；左手劍指隨之置於右手腕旁，手心向下；眼視前方。（圖 1–134）

圖 1–131

圖 1-132　　　　　　　　　　圖 1-133

圖 1-134

【要點】翻手心時手腕要圓活，右腳邁步要到位且不可過大。由下向上提劍時劍身要靠近身體，不可離得太遠。右腿站立要穩，身體要直，不可歪斜或搖晃，兩臂肩

部要沉，肘要下垂，不可上翹。

第三十一式　左右車輪

1.右腿下蹲，左腳向前方（西）邁半步，腳尖外撇，身體左轉，身體重心向前移至左腿；同時，右手握劍，由上向下、往後刺去，手心向裏，劍尖斜指左下方；左手劍指隨之置於右手腕旁，手心向下。（圖1–135、圖1–136）

2.身體左轉；右腳提起向前（西）邁出一步，先以腳跟著地，隨著身體重心移向右腿而至全腳踏實，弓右腿，蹬左腳，成右弓步，身體右轉；同時，右手握劍，隨右前臂內旋，由下向上、向前、往下點劍，手心向左（南）；左手劍指向身體左後弧形展開，手心向下。（圖1–137、圖1–138）

3.身體重心向後移至左腿，身體右轉，左腳尖內扣至

圖 1–135

圖 1–136

圖 1-137

圖 1-138

向前（西）方，右腳提起向後邁出一步；同時，右手握劍
回收，隨即向下、往右後撩，撩至盡處時，右前臂外旋，
翻手心向右（北）；左手劍指向後回收至胸前，然後向

下、向外展開，手心向下。（圖 1–139—圖 1–141）

4. 左腳尖外撇，身體重心向前移至左腿，右腳提起向前（西）方邁出半步，前腳掌著地成虛步；同時，右手握

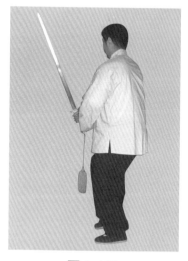

圖 1–139

圖 1–140

圖 1–141

劍，由右後向上、往前下劈，劍尖斜指地面，手心向左
（南）；左手劍指向前，隨之置於右手腕旁，手心向下。
（圖 1–142、圖 1–143）

圖 1–142

圖 1–143

【要點】左腳向前邁步不可過大。劍身要靠近身體，不可離得太遠。成弓步時落步要到位，身體不可前俯後仰，動作要連貫自然。劍向前下劈要用腕力下點，與虛步同時完成。

第三十二式　燕子銜泥

身體重心不變；右手握劍，與左手劍指一起微上抬，然後手腕下沉，劍尖上崩。（圖1-144）

【要點】向上崩劍時兩手腕要同時下沉，用腕力，動作要自然乾脆。

第三十三式　大鵬展翅

1.身體重心不變；右手握劍上抬，右前臂內旋，翻手心向下，劍身與地面平行，劍尖指向左（南）方；左手劍

圖1-144

楊式太極劍槍

指隨之置於右手腕旁，手心向下。（圖 1–145）

2. 右腳提起向右後（東北）方邁出一步，先以腳跟著地，隨著身體重心移向右腿而至全腳踏實，弓右腿，蹬左腳，成右弓步，身體右轉；同時，右手握劍，隨右前臂外旋，由下向右前上方掃出，翻手心向上；左手劍指向身體左後弧形展開，手心向下。（圖 1–146、圖 1–147、圖 1–147 附圖）

圖 1–145

圖 1–146

圖 1–147

圖 1–147 附圖

【要點】右腳邁步方向要正確，要與轉身一致，不可先轉身再邁步。右手握劍由下向上方掃出時，右前臂要邊掃邊外旋、翻手心向上，要隨腰而轉，不可先翻手再向右

前上方掃出。兩手動作要與弓步協調，同時完成。

第三十四式　海底撈月

1.身體重心不變，右腳尖裏扣；右手握劍，向下、往裏回收，劍身垂直於地面；同時，左手劍指向前置於右手腕旁，手心向下；眼視前方。（圖 1–148、圖 1–148 附圖）

圖 1–148

圖 1–148 附圖

2. 身體重心不變，身體微左轉，左腳向前提起，腳尖自然下垂；同時，右手握劍下落；左手劍指置於右手腕旁，手心向下；眼隨劍轉。（圖1-149）

3. 身體左轉，左腳提起向前（西）邁出一步，腳尖外撇，身體重心向前移至左腿，隨即提起右腳向前（西）邁出一步，先以腳跟著地，隨著身體重心移向右腿而至全腳踏實，弓右腿，蹬左腳，成右弓步；同時，右手握劍，由後向下、往前上撩，手心向上；左手劍指向身體左後環形展開，手心向下；眼視前方。（圖1-150—圖1-153）

【要點】右腳尖裏扣與劍向下回收及左手劍指三者同時完成，不可出現斷續和不協調的現象，重心不可向後移動，以免出現雙重。由上向下、往前撩劍與左腳上步、右腳上步成弓步的動作協調一致，同時完成，不可斷續或忽

圖1-149

快忽慢，注意左腳後跟不可抬起，身體不可前俯。撩劍時劍身要靠近身體，不可離身太遠。眼神要隨劍轉。

圖 1-150　　　　　　　圖 1-151

圖 1-152

圖 1-153

第三十五式　懷中抱月

　　左腳提起向前邁半步，腳尖外撇，身體重心向後移至左腿，右腿成虛步；同時，右手握劍，向下、往裏回收至腹前，劍尖斜向上，手心向上；左手劍指向上、向前環形置於右手腕旁，手心向下，眼視前方。（圖 1-154）

　　【要點】左腳向前邁半步時，要注意腳尖外撇到位。身體重心向後移向左腿時要鬆腰落胯，身體重心要微下沉，上身要正直，不可歪斜或搖晃。兩臂要圓撐，肩部要下沉，兩肘要下垂，不可聳肩或肘部上翹。

第三十六式　哪吒探海

　　右腳提起向前（西）方邁出一步，先以腳跟著地，隨

圖 1-154

圖 1-155

著身體重心移向右腿而至全腳踏實，隨即右腿直立，左腿向左前（西南）提起，至大腿與地面平行，腳尖自然下垂；同時，右手握劍向前（西）下方刺去，劍尖斜向下，手心向上；左手劍指隨左前臂內旋，由下向外、向上環形置於左額前上方，手心斜向上；眼視前下方。（圖1-155）

【要點】進步向前下刺劍時右腿要微屈，站立要穩，不可搖晃歪斜。身體要正直，劍身要與右臂成直線，右臂不要太直。左臂要成圓形，肘要下垂，不可使肘抬起。

第三十七式　犀牛望月

　　右腿下蹲，身體左轉，左腳向左（東）方邁出一步，先以腳跟著地，隨著身體重心移向左腿而至全腳踏實，弓左腿，蹬右腿，成左弓步；同時，右手握劍，由下向上、向左抽至左肩前，劍身與地面平行，劍尖指向右（西）方；左手劍指隨左前臂外旋，由上向下、向左、向上環形置於右手腕旁，手心向外（南）；眼視右後方。（圖1-156—圖1-158）

　　【要點】左腳落步要到位，方向要正確，兩腳不要在同一直線上，不可過大或過小。成弓步時上身要正直，兩手的動作要與弓步同時完成，不可忽快忽慢。兩臂要圓，要沉肩垂肘，不可聳肩抬肘。

圖 1-156

圖 1-157

圖 1-158

第三十八式　射雁勢

重心不變，身體左轉，右腳向前邁半步，靠近左腳，

腳尖外撇，身體重心向後移至右腿，左腳提起向左前（東南）方邁半步，前腳掌著地成虛步；同時，右手握劍，由上向下、往腰間回抽至右胯旁，劍尖斜向上，手心向裏；左手劍指向左前（東南）推去，手心向外；眼視前方（圖1-159、圖1-160）

【要點】成虛步時必須虛實分明，站立要穩，上身要正直，身體不可歪斜或搖晃。右臂要有弧形，不可伸得太直。左手劍指向前推出時，肘要垂，不可抬起，腕要坐，手臂不可伸得太直。

圖 1-159

圖 1-160

第三十九式 青龍現爪

左腳提起向左前（東南）方邁出一步，先以腳跟著地，隨著身體重心向前移向左腿而至全腳踏實，隨即左腿直立，右腳提起向前與左腳併步，距離微窄於肩；同時，右手握劍，隨右前臂外旋，由下向左前（東南）方平刺出去，劍身與地面平行，手心向上；左手鬆開劍指變掌外旋，手心向上置於右手下方，與右手一起抱劍；眼視前方。（圖 1–161、圖 162）

圖 1–161

圖 1–162

【要點】向前進步身體直立時，不可前俯。兩腿不可繃直。肩部要沉，不可聳肩。兩手前伸不可太直，兩肘微下垂，不可上翹。

第四十式　鳳凰雙展翅

1. 身體重心移至左腿，左腿微下蹲，左腳尖裏扣踏實，身體向右轉；同時，右手握劍，隨著右前臂內旋，由上向下翻轉手心向下，右手置於腹前，手心向裏，劍身與地面平行，劍尖指向左前（東南）方；左手劍指隨之置於右手腕旁，手心向下；眼視前方。（圖 1–163）

2. 身體右轉，右腳提起向右前（西北）方邁出一步，先以腳跟著地，隨著身體重心移向右腿而至全腳踏實，弓右腿，蹬左腿，成右弓步；同時，右手握劍，隨右前臂外旋翻手心向上，由下向右前上方掃出；左手劍指向身體左

圖 1–163

後弧形展開，手心向下；眼視劍尖。（圖1-164、圖1-165）

【要點】翻手心向下時，兩手要微上抬，使之圓活，不可生硬。右腳邁步方向要正確，要與轉身一致，不可先轉身再邁步。右手握劍由下向上方掃出時，右前臂要邊掃邊外旋翻手心向上，要隨腰而轉，不可先翻手再向右前上方掃出。兩手動作要與弓步協調，同時完成。

圖1-164

圖1-165

第四十一式　左右跨欄

1. 身體重心不變；右前臂內旋，右手握劍，翻手心向下，使劍尖指向左前下方；同時，左手劍指向前置於右手腕旁，手心向下；眼視前方。（圖 1–166）

2. 重心不變，身體右轉，左腳提起向左前（西南）方邁出一步，先以腳跟著地；同時，右前臂外旋，右手握劍，翻轉手心向上，使劍身向上、向後置於身體右側，與地面平行；左手劍指隨之置於右手腕旁，手心向下；眼視前方。（圖 1–167）

圖 1–166

圖 1–167

3.身體左轉，左腳隨著身體重心向前移向左腿而至全腳踏實，弓左腿，蹬右腳，成左弓步；右手握劍，向前、向左環形置於胸前，劍身與地面平行，劍尖指向右前方，劍刃向上，手心向裏；左手劍指隨之置於右手腕旁，手心向下；眼視前方。（圖1-168）

4.重心不變，身體左轉，右腳提起向右前（西北）方邁出一步，先以腳跟著地；同時，右前臂內旋，右手握劍，翻轉手心向下，使劍身向上、向後置於身體左側，與地面平行；左手劍指隨之置於右手腕旁，手心向下；眼視前方。（圖1-169）

圖1-168

圖1-169

圖 1-170

　　5. 身體右轉，右腳隨著身體重心向前移向右腿而至全腳踏實，弓右腿，蹬左腳，成右弓步；同時，右手握劍，向前、向右環形置於胸前，劍身與地面平行，劍尖指向左前方，劍刃向上，手心向外；左手劍指隨之置於右手腕旁，手心向下；眼視前方。（圖 1-170）

　　【要點】兩腳向前邁步時方向要正確，要以腰帶動上肢動作。上身要正直，邁步要輕靈，不可前傾或歪斜。動作要協調，不可斷虛或忽快忽慢，要連貫做出。

第四十二式　射雁勢

　　身體重心向後移至左腿，右腳提起向後（東南）方邁步，腳尖外撇，隨即身體重心移至右腿，右腿下蹲，左腳提起向前（西北）方邁半步，前腳掌著地成虛步；同時，

右手握劍，由上向下、往腰間回抽，劍尖斜向上，手心向裏；左手劍指向左前（西北）推去，手心向外；眼視前方。（圖1-171、圖1-172）

【要點】注意此式是右腳向後撤步。其他要點同第三十八式「射雁勢」。

圖1-171

圖1-172

第四十三式　白猿獻果

1. 重心不變，身體左轉，左腳提起向前（西）邁半步，腳尖外撇；同時，右手握劍，隨右前臂外旋翻手心向上、向外展開置於右胯外側，劍尖斜向右上；左手劍指向左展開，置於左胯外側，劍指指向左（南）方，手心向下；眼視前方。（圖1-173）

2. 身體重心向前移至左腳，右腳提起向前邁半步，前腳掌著地成虛步；同時，右手握劍，向前（西）弧形平掃，劍身與地面平；左手鬆開劍指，左前臂外旋向裏合，與右手同時抱劍，手心向上置於右手下面，兩手與肩同高；眼視前方。（圖1-174）

圖 1-173

圖 1-174

【要點】左腳邁步方向要正確，不可過大或過小，外撇要到位。右腳向前邁步不可過大。左腿直立要微屈，身體要正直，不可歪斜或搖晃。兩臂不可伸得太直，要微屈，兩肩要沉，兩肘要垂，不可聳肩抬肘。

第四十四式　左右落花

1. 重心不變，身體微左轉；同時，右手握劍微左掃，劍尖斜向右上方，手心向上；左手隨之變劍指置於右手腕旁，手心向下；眼視前方。（圖 1-175）

2. 身體重心不變；同時，右手握劍，隨右前臂內旋翻手心向下，劍尖斜指向左上方；左手劍指隨之置於右手腕旁，手心向下；眼視前方。（圖 1-176）

3. 身體右轉，右腳提起往後（東）撤步，腳尖外撇，身體重心向後移至右腿，左腳尖微內扣；同時，右手握

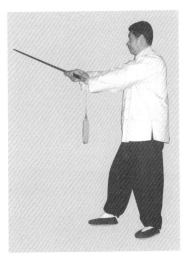

圖 1-175

圖 1-176

劍，由左向右下掃至腹前，劍尖斜指向前上方；左手劍指
隨之置於右手腕旁，手心向下；眼視前方。（圖1–177、
圖1–178）

圖1–177

圖1–178

4.身體左轉，左腳提起往後（東）撤步，身體重心向後移至左腿，腳尖外撇，右腳尖微內扣；同時，右手握劍，隨右前臂外旋翻手心向上，向前、往左下掃至腹前，劍尖斜指向前上方；左手劍指隨之置於右手腕旁，手心向下；眼視前方。（圖 1–179、圖 1–180）

圖 1–179

圖 1–180

5. 身體右轉，右腳提起往後（東）撤步，身體重心漸向後移至右腿，腳尖外撇，左腳尖微內扣；同時，右手握劍，隨右前臂內旋翻手心向下，向前、往右下掃至腹前，劍尖斜指向前上方；左手劍指隨之置於右手腕旁，手心向下；眼視前方。（圖1–181、圖1–182）

圖 1–181

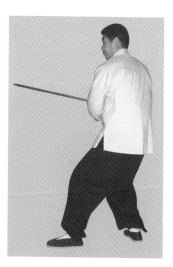

圖 1–182

6.身體左轉，左腳提起往後（東）撤步，身體重心漸向後移至左腿，腳尖外撇，右腳尖微內扣；同時，右手握劍，隨右前臂外旋翻手心向上，向前、往左下掃至腹前，劍尖斜指向前上方；左手劍指隨之置於右手腕旁，手心向下；眼視前方。（圖 1–183、圖 1–184）

圖 1–183

圖 1–184

圖 1-185　　　　　　　　　圖 1-186

7. 身體右轉，右腳提起往後（東）撤步，身體重心漸向後移至右腿，腳尖外撇，左腳尖微內扣；同時，右手握劍，隨右前臂內旋翻手心向下，向前、往右下掃至腹前，劍尖斜指向前上方；左手劍指隨之置於右手腕旁，手心向下；眼視前方。（圖 1-185、圖 1-186）

【要點】用劍刃左右橫掃要成弧形，不可直來直去。向後撤步時步幅要一個比一個大，身體重心也相應放低，同時劍的高度也一個比一個低。其他要點與第二十一式「左右獅子搖頭」相同。

第四十五式　玉女穿梭

1. 身體重心不變，左腳提起向左前方（南）邁半步，前腳掌著地成虛步，身體左轉；同時，右手握劍，隨右前

臂外旋翻手心斜向上，劍尖斜指向左前下方；左手劍指隨
之置於右手腕旁，手心向下；眼視左前方。（圖1-187）

2.身體向左轉，左腳向前
提起至大腿與地面平行，腳尖
自然下垂；同時，右手握劍，
隨轉體使劍尖斜指向前下方；
左手劍指隨左前臂外旋翻手心
向裏，由下向上環形置於胸
前；眼視前方。（圖 1-188、
圖 1-188 附圖）

3.左腳向前邁出一步，先
以腳跟著地，隨著身體重心移
向左腿而至全腳踏實，弓左
腿，蹬右腳，成左弓步；同

圖 1-187

圖 1-188

圖 1-188 附圖

時，右手握劍向前（南）下方刺去，手心向上；左手劍指
隨左前臂內旋翻手心向外，由下向上環形置於頭部前上
方；眼視下前方。（圖1–189、圖1–189附圖）

圖1–189

圖1–189附圖

【要點】左腳邁步時，右腿站立要穩，不可歪斜搖晃。左腳邁步方向要正確，不可過大或過小。成弓步時身體不可前傾，後腳跟不可抬起。左肘要下垂，不可上翹。肩要放鬆，不可向上聳起。

第四十六式　白虎攬尾

1.重心不變，左腳尖裏扣，身體微右轉；同時，右手握劍，隨右前臂內旋翻手心向裏，劍身與地面平行，劍尖指向左（東）方；左手劍指隨左前臂內旋下落至右手腕旁，手心向下；眼視前方。（圖1-190）

2.重心不變，身體右轉；同時，右手握劍，向下、往右撩劍至右胯旁；左手劍指隨之置於右手腕旁，手心向下；眼隨劍轉。（圖1-191）

圖1-190

圖1-191

3.右腳提起向右（北）邁步，先以腳跟著地，隨著身體重心移向右腿而至全腳踏實，弓右腿，蹬左腳，成右弓步；同時，右手握劍，隨右前臂外旋翻手心向外，使劍身直立，劍尖向上；左手劍指隨之置於右手腕旁，手心向下；眼視前方。（圖1-192、圖1-192附圖）

【要點】右手翻手心時要微上抬。左腳裏扣要到位。右腳邁步時方向要正確到位，不可過大或過小。成弓步時上身不可前傾，後腳跟不可抬起。劍向後撩時要靠近身體，不可離得太遠。

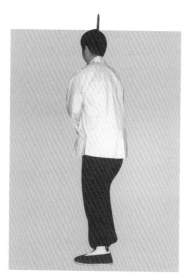

圖 1-192

圖 1-192 附圖

第四十七式　魚跳龍門

1.重心不變，左腳向前（西）方邁半步，腳尖外撇成虛步，身體左轉；同時，右前臂外旋，右手握劍，翻手心向上，劍尖指向後（東）方，劍身與地面平行；左手劍指向左展開，置於左胯外側，手心向下；眼視前方。（圖1–193）

2.身體重心向前移至左腿，左腿直立，右腿向前提起至大腿與地面平行，腳尖自然下垂；同時，右手握劍，向前（西）弧形平掃，劍身與地面平行；左手鬆開劍指，左前臂外旋向裏合，與右手同抱劍，手心向上置於右手下面，兩手置於右膝上；眼視前方。（圖1–194）

圖1–193

圖1–194

3.左腿下蹲，身體重心下沉；同時，兩手握劍向腹前回抽，劍尖斜向前上方，兩手心皆向上；眼視前方。（圖1-195）

4.右腳向前（西）邁出，先以腳跟著地，隨著重心移向右腿而至全部踏實，弓右腿，蹬左腳，成右弓步；同時，兩手握劍向前下刺去，兩手心皆向上；眼視前下方。（圖1-196、圖1-197）

5.右腳尖外撇，右腿直立，左腿提起至大腿與地面平行，腳尖自然下垂；兩手握劍回收至腹前，劍尖微向前下指；眼視前方。（圖1-198）

6.左腳向前跳步，落地時腳尖外撇；兩手握劍下沉，使劍尖斜向上；眼視前方。（圖1-199）

圖 1-195

圖 1-196

圖 1-197

圖 1-198

圖 1-199

7.右腳向前（西）邁出，先以腳跟著地，隨著重心移向右腿而至全部踏實，弓右腿，蹬左腳，成右弓步；同

時，兩手握劍向前下方刺去，手心向上；眼視前下方。
（圖 1–200、圖 1–201）

圖 1–200

圖 1–201

【要點】跳步要高，落步要輕靈穩健。其他要點與第九式「靈貓撲鼠」相同。

第四十八式　左右烏龍絞柱

1.重心向後移至左腿，身體左轉；同時，右手握劍，隨右前臂外旋由下向上、往胸前回抽，手心向裏，劍身與地面平行；左手劍指隨之置於右手腕旁，手心向下；眼隨劍轉。（圖1-202）

2.重心不變，身體左轉；同時，右手握劍，由上往左下劈，劍尖斜指前上方，手心仍向裏；左手劍指隨之置於右手腕旁，手心向下；眼隨劍轉。（圖1-203）

圖 1-202

圖 1-203

3.右腳提起向前邁步，腳尖外撇，身體右轉，重心向前移至右腿；同時，右手握劍，由上向下、往上撩提，劍尖斜指前下方；左手劍指隨之置於右手腕旁，手心向下；眼隨劍轉，眼視劍尖。（圖1-204）

4.重心不變，身體右轉，左腳提起向前（西）方邁步；同時，右手握劍，由上往右下劈，劍尖斜指前下方；左手劍指隨之向下、往外弧形展開，置於左胯外側，手心向下；眼視劍尖。（圖1-205）

【要點】動作時步法、手法、劍法要協調一致，連貫做出，不可斷續或者忽快忽慢。身體不可緊張。邁步方向要正確。

圖1-204

圖1-205

第四十九式　仙人指路

1.右腳尖裏扣，身體左轉；同時，右手握劍，隨右前臂內旋翻手心向裏，劍尖斜指前下方；左手劍指隨之向下置於左膝旁，手心向下；眼視前方。（圖1-206）

2.左腳提起落下，腳尖外撇，身體左轉，重心向前移至左腿，隨即右腳提起向前（西）方邁出一步，先以腳跟著地，隨著身體重心向前移向右腿而至全腳踏實，弓右腿，蹬左腿，成右弓步；同時，右手握劍，隨右前臂外旋翻手心向上，向前（西）下方刺去；左手劍指隨之向外、往後展開，手心向下；眼視劍尖。（圖1-207、圖1-208）

【要點】左腳外撇到位，上步要輕靈穩健。身體重心要保持不變，不可起伏。上身要保持中正，不可過分前

圖1-206

圖 1-207

圖 1-208

傾，後腳跟不可抬起。刺劍與弓步不能同時完成，不可斷續。

第五十式　朝天一炷香

1. 重心不變，身體左轉，右腳尖內扣；同時，右手握劍，隨右前臂外旋翻手心向裏，由下向上、往左回抽至肩前，劍身與地面平行，劍尖指向右（西）方；左手劍指由左向右置於胸前，手心向裏；眼隨劍轉。（圖 1–209、圖 1–210）

2. 身體左轉，左腳提起向左前（東）方邁出一步，先以腳跟著地，隨著身體重心移向左腿而至全腳踏實，弓左腿，蹬右腳，成左弓步；同時，右手握劍，由上向左、往下收至左腹前，劍身與地面垂直，手心向裏；左手劍指由上向下、向上、往右置於右手腕旁，手心向下；眼視前方。（圖 1–211、圖 1–212）

圖 1–209

圖 1-210

圖 1-211

圖 1-212

【要點】邁步要輕靈穩健，方向正確，兩腳不可在同一直線上。動作要連續做出，協調一致。要沉肩墜肘，身體中正，兩臂圓撐，劍身直立。弓步時，上體不可前傾，

後腳跟不可抬起。

第五十一式　風掃梅花

1.重心不變，左腳尖內扣，身體右轉；同時，右手握劍，隨右前臂內旋翻手心向下，劍身與地面平行，劍尖指向左後（東北）方；左手劍指隨之置於右手腕旁，手心向下；眼視前方。（圖 1–213）

2.身體右轉，右腳提起向前邁步，腳尖外撇，重心向前移至右腿；兩手動作不變；眼隨劍轉。（圖 1–214）

圖 1–213

圖 1–214

3.重心不變，身體右轉，左腳向前上提起；兩手動作不變；眼隨劍轉。（圖1-215）

4.以右腳掌為軸，身體向右轉；兩手動作不變；眼隨劍轉。（圖1-216）

5.左腳向左（東）方邁步，身體右轉向前（南）方，重心移至左腿；兩手向身體兩側展開置於兩胯旁，手心皆向下；眼視前方。（圖1-217）

【要點】身體旋轉時要注意重心下沉，以腰帶動。

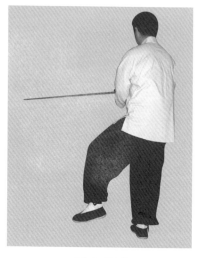

圖1-215

圖1-216

圖1-217

動作3、4、5要一氣呵成，連續做出，不可出現斷續或忽快忽慢的現象，速度要均勻。身體要正直，不可歪斜或搖擺。旋轉後落腳的方向要正確。

第五十二式　牙笏勢

1.身體重心不變；隨即右手握劍，隨右前臂外旋翻手心向上，劍身與地面平行，劍尖指向後（北）方；左手動作不變；眼視前方。（圖1–218）

2.身體重心不變，右腳向身體前方（南）邁步成虛步；兩手向胸前合抱劍，兩臂成環形，劍尖斜向前上方；眼視前方。（圖1–219）

圖1–218

圖1–219

3.身體重心不變；兩手抱劍向腹前回抽，劍尖斜向前上方；眼視前方。（圖1-220）

4.右腳提起向前邁步，隨即左腳向前邁步與右腳併步，兩腿直立，距離與肩同寬；同時，兩手抱劍向前上方刺去；眼視前方。（圖1-221）

【要點】抱劍時兩手與腳的動作要協調一致，不要出現手腳動作不相合的現象。上體正直，不可過分前傾。注意要沉肩垂肘和兩臂圓撐。上步時要輕靈穩健，落腳要穩，不可虛實不分。

圖1-220

圖1-221

第五十三式　抱劍歸原

1. 身體姿勢不變；右手握劍，隨右前臂外旋翻手心向下，使劍身平放在左臂上；左手動作不變；眼視前方。（圖1-222、圖1-223）

圖1-222

圖1-223

2. 身體姿勢不變；兩手向兩側展開慢慢下落；眼視前方。（圖1-224）

3. 左手在下落時，反轉手心向下、向後反握劍柄，劍尖向上，劍身直豎貼靠在左臂後側；右臂自然下垂；眼視前方。（圖1-225、圖1-226）

4. 上身與兩手動作不變，左腳向右（西）邁步，與右腳併步，身體自然直立；兩眼平視前方，鬆靜自然。（圖1-227）

圖 1-224

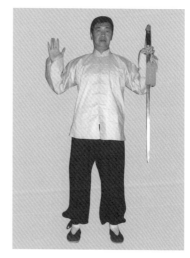

圖 1-225

【要點】兩手動作要協調，左手反轉要圓活，不要有停頓或速度不勻的現象。左手握劍反轉不可抬肩翹肘。身體正直，含胸拔背，沉肩垂肘，兩手自然下垂。平心靜氣，靜立片刻。

圖 1-226

圖 1-227

第二章 楊式太極槍

第一節 楊式太極槍概述

楊式太極槍亦稱太極大桿，是楊式太極長器械的一種。練法分單人練習和雙人練習兩種。練習太極槍應有一定的太極拳基礎，練習時要求做到虛領頂勁，含胸拔背，鬆肩垂肘，鬆腰落胯，勁起于腳跟，步法輕靈穩健。

單人練習以有攔（開）、拿（合）、紮（發）三法。長期練習可以使內勁日增，槍人合一，功力大進。雙人練習為一紮一化、粘連黏隨、纏繞進退、往返循環的方法，練之日久可以使兩槍相粘，不丟不頂，以求得聽勁、懂勁和發勁的功夫。

練習太極槍時多用白蠟桿，桿長丈餘。為了拍攝方便，故照片中使用的桿較細短。

第二節 楊式太極槍練法

一、太極抖槍法

抖槍法為太極槍的基本功，以攔、拿、紮三法循環練

習。練習時要做到虛領頂勁，含胸拔背，身體中正，沉肩垂肘，鬆腰落胯，步法穩健，氣沉丹田，精神集中，全以腰腿之勁。長期練習可以增內勁。左腳向前，以右手紮槍；右腳向前，以左手紮槍。左右兩手均須練習。

第一式　預備勢

面向南方，兩腳平行分開，距離與肩同寬，身體自然直立，兩眼平視前方；左手握槍，槍尖朝上，槍身直豎貼於身體左側；右手五指自然鬆開，手心向裏（東），手臂自然下垂。（圖 2-1）

【要點】全身放鬆，立身中正安舒，精神提起，排除雜念。

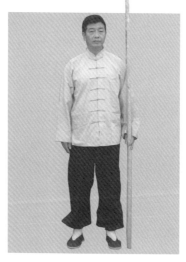

圖 2-1

第二式　起　勢

左腿向前邁出一步，右腳尖外撇，兩腿屈膝半蹲成半馬步；右手握住槍的底端，屈肘置於腰部右側，手心向裏；左手鬆握槍的中後端。（圖2-2）

【要點】周身放鬆，虛領頂勁，目視前方。

第三式　攔（開）勢

重心後坐，身體微左轉；同時，右手下沉，左手外旋上移，翻手心向上，使槍向上、往左挑起。（圖2-3）

【要點】身體不可轉得過大，動作要上下協調一致，目視槍頭前方。

圖 2-2

圖 2-3

第四式　拿（合）勢

身體右轉，左膝微下沉內扣；同時，左手內旋，翻手心向下，與右手一齊向下往右後按抽。（圖 2-4）

【要點】身體重心向後微移，提頂懸襠，兩眼仍視槍頭前方。

第五式　紮（發）勢

右腳猛力後蹬，右膝挺直，左腿向前弓，身體左轉，成左弓步；同時，左手心向上托著槍桿，右手握槍，向前方猛力發出至左手後面。（圖 2-5）

【要點】重心向前移至左腿時，身體不可前俯，右腳

圖 2-4

圖 2-5

跟不可抬起，當右手接近左手時要用寸勁，兩眼仍視槍頭
前方。

二、四粘槍

以下圖示穿著黑褲者為甲，著白褲者為乙。

1. 甲乙雙方兩腳平行分開，距離與肩同寬，身體自然直立；左手握槍置於身體左側，槍尖朝上；右手自然下垂；相對而立於適當的距離；目視對方。（圖2-6）

2. 甲乙雙方左腳向前邁出半步；同時，左手握槍向前上提起，右手握住槍的底端置於右腰旁，兩槍相搭，不可漏把。（圖2-7）

3. 甲方左腳提起向前邁步，身體重心移至左腿，成左弓步；同時，雙手握槍向乙方心窩刺去。乙方右腳提起向

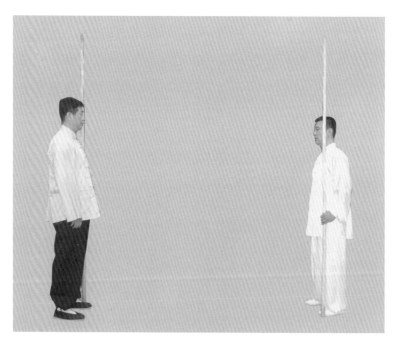

圖2-6

後撤步，身體右轉，重心後移成半馬步；同時，兩手握槍，粘住甲方刺來的槍往右後下拿。（圖 2-8）

圖 2-7

圖 2-8

4.甲方右腳提起向前邁步，身體重心隨即移至右腿，成虛步；同時，雙手握槍，隨乙方往下拿，使槍尖斜向前下方。乙方左腳提起向後撤半步，同時，雙手握槍，將甲槍向下採，使槍尖斜向前下方。（圖2-9）

5.甲方身體重心向前移向左腿，右腳提起向右前方邁步，腳尖外撇，身體重心向前移至右腿；同時，雙手握槍向乙方左腿刺去。乙方右腳提起向後撤步，身體先左轉隨即右轉，重心後移成半馬步；同時，兩手握槍，粘住甲方刺來的槍，由下向外、往上撥。（圖2-10）

6.甲方左腳提起向前邁步，身體重心移至左腿，成左弓步；同時，雙手握槍往後微抽，隨即向乙方左膀刺去。乙方右腳提起向後撤步，身體右轉，重心後移成半馬步；同時，兩手握槍，粘住甲方刺來的槍往右後拿。（圖2-11）

圖2-9

圖 2-10

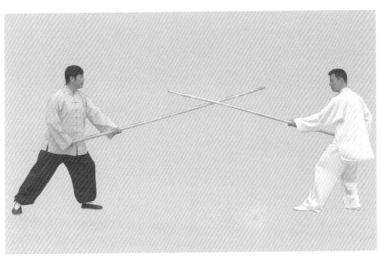

圖 2-11

7. 甲方右腳提起向前邁步，身體重心隨即移至右腿，成左虛步；乙方左腳提起向後撤半步。兩槍斜向前上方。（圖 2-12）

8. 甲方左腳提起向前邁步，身體重心移至左腿，成左弓步；同時，雙手握槍，向乙方咽喉刺去。乙方右腳提起向後撤步，身體右轉，重心後移成半馬步；同時，兩手握槍，粘住甲方刺來的槍往右後拿。（圖 2-13）

9. 甲方右腳提起向前邁步，身體重心隨即移至右腿，成左虛步；乙方左腳提起向後撤半步。甲乙雙方兩槍斜向前上方。（圖 2-14）

圖 2-12

圖 2-13

圖 2-14

10.甲乙雙方同時左腳後撤至右腳旁，距離與肩同寬，身體直立；左手握槍放下，置於身體左側，槍尖朝上；右手自然下垂。成收勢。（圖2-15）

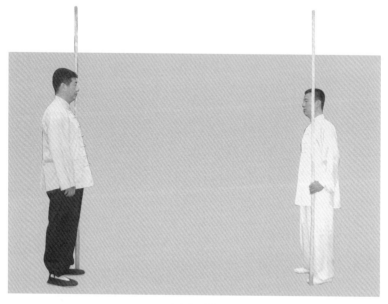

圖 2-15

甲方刺完後，乙方上步還刺四槍，和甲方一樣刺法，甲方退步如乙方相同。兩人攻防互變，循環不斷。兩槍要粘住，不丟不頂，不可脫離、碰撞。

三、四散槍

第一槍　怪蟒鑽窩　歌訣：分心就刺似怪蟒。
第二槍　仙鶴搖頭　歌訣：仙鶴搖頭斜刺膀。
第三槍　鷂子擒雀　歌訣：鷂子撲雀刺足勢。
第四槍　燕子穿簾　歌訣：飛燕投巢刺面上。

1.甲乙雙方左腳向前邁出半步；同時，左手握槍向前上提起；右手握住槍的底端，置於右腰旁，不可漏把。甲乙雙方的槍不可接觸。（圖 2–16）

2.乙方左腳提起向前邁步，身體重心移至左腿，成左弓步；同時，雙手握槍，向甲方心窩刺去。甲方右腳提起向後撤步，身體微右轉，重心後移成半馬步；同時，兩手握槍，粘接住乙方刺來的槍往右後下拿，使乙槍落空。（圖 2–17）

3.乙方右腳向前邁半步，隨即抽槍向下、往右上畫弧，然後左腳提起向前邁步，身體重心移至左腿，成左弓步；同時，雙手握槍，向甲方左膀刺去。甲方左腳後撤，隨即右腳提起向後撤步，身體左轉，重心後移成半馬步；同時，兩手握槍，粘住乙方刺來的槍往左上後撥。使乙槍落空。（圖 2–18）

圖 2–16

圖 2-17

圖 2-18

　　4. 乙方右腳向前邁半步，隨勢抽槍向下畫弧，然後左
腳提起向前邁步，身體重心移至左腿，成左弓步；同時，
雙手握槍，向甲方左腳面刺去。甲方左腳後撤，身體右
轉，身體重心後移成虛步；同時，兩手握槍，粘住乙方刺
來的槍往右撥，使乙槍落空。（圖 2-19）

5.乙方右腳向前邁半步，隨勢抽槍向上畫弧，左腳提起向前邁步，身體重心移至左腿，成左弓步；同時，雙手握槍，向甲方咽喉刺去。甲方右腳提起向後撤步，身體微右轉，重心後移成半馬步；同時，兩手握槍，粘接住乙方刺來的槍往右後下拿，使乙槍落空。（圖2-20）

圖 2-19

圖 2-20

乙方紮完四槍後，甲方還紮四槍，週而復始，循環不斷。乙方紮槍前，兩槍不可接觸。乙方槍紮出後，甲槍要順乙槍來勢粘帶，兩槍相接時，不可有碰撞之聲。練之日久，槍力敏捷。

歌訣：你槍紮，我槍拉，你槍不動我槍發。

　　　你槍來似箭，我槍撥如電。

　　　你槍金雞亂點頭，我槍撥尋蛇也不善。

四、四擲槍（擲捧槍）

1.甲乙雙方左腳向前邁出半步；同時，左手握槍向前上提起；右手握住槍的底端置於右腰旁，不可漏把。甲乙雙方的槍不可接觸。（圖2-21）

圖2-21

2.乙方雙手握槍向甲方胸部刺去；甲方雙手握槍，順其來勢，如用捋法速往下劈。（圖2-22）

3.乙方雙手握槍向甲方腿部刺去；甲方雙手握槍，順其來勢速往左捌。（圖2-23）

圖 2-22

圖 2-23

4.乙方雙手握槍向甲方肩膀刺去；甲方雙手握槍，順其來勢速往左上擲。（圖2-24）

5.乙方雙手握槍向甲方咽喉刺去；甲方雙手握槍，順其來勢速往右上鏟。（圖2-25）

圖2-24

圖2-25

五、太極纏槍法

（一）定步立圓紮槍

1.甲乙雙方兩腳平行分開，距離與肩同寬，身體自然直立，左手握槍置於身體左側，槍尖朝上；右手自然下垂；相對而立於適當的距離；目視對方。（圖 2-26）

2.甲乙雙方左腳向前邁出半步；同時，左手握槍向前上提起，右手握住槍的底端置於右腰旁，兩槍相搭，不可漏把。（圖 2-27）

3.乙方左腳提起向前邁步，身體重心移至左腿，成左弓步；同時，雙手握槍向甲方胸前刺去。甲方右腳提起向後撤步，身體右轉，重心後移成半馬步；同時，兩手握槍，粘住乙方刺來的槍往後下拿。（圖 2-28）

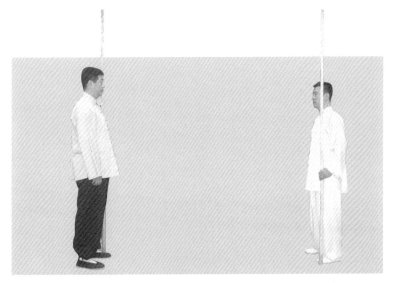

圖 2-26

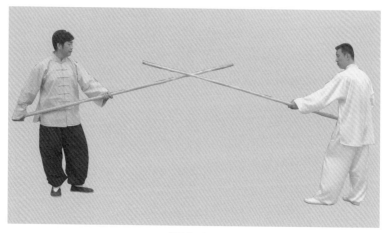

圖 2-27

4.甲方粘拿乙方刺槍勁將盡時，身體左轉，重心移至左腿，成左弓步；同時，雙手握槍向乙方左腿刺去。乙方身體右轉，重心向後移至右腿；同時，兩手握槍，粘住甲方刺來的槍往後下粘抽。（圖 2-29）

圖 2-28

5.甲乙雙方向後回撤左腳，兩腳平行分開，距離與肩同寬，身體自然直立；左手握槍收於身體左側，槍尖朝上；右手自然下垂；相對而立於適當的距離；目視對方。成收勢。（圖2-30）

圖 2-29

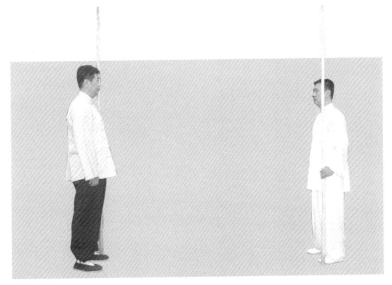

圖 2-30

【注】動作3、4可以循環不斷，反覆練習，亦可變換兩腿練習，亦可甲方先進步粘槍。練習時兩槍要粘住，不丟不頂，不可脫離、碰撞。

（二）動步走圈粘腿

1. 甲乙雙方兩腳併步，身體自然直立；左手握槍置於身體左側，槍尖朝上；兩人朝向相反而立於適當的距離；目視前方。（圖2-31）

2. 甲乙雙方身體微左轉；同時，左手握槍斜向左前下方；右手握住槍的底端置於右胸旁，兩槍相搭，不可漏把。（圖2-32）

圖 2-31

3. 甲方右腳提起向左前邁步，身體重心移至右腿，成右弓步；同時，雙手握槍向乙方左腿刺去。乙方左腳提起向左前方邁步，身體重心移至左腿，成左弓步；同時，雙手握槍，向自己身體左後撥去。（圖2-33）

圖 2-32

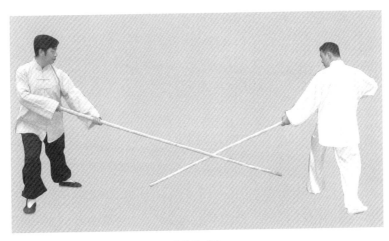

圖 2-33

圖 2-34

4.乙方右腳提起向左前邁步，身體重心移至右腿，成右弓步；同時，雙手握槍向甲方左腿刺去。甲方左腳提起向左前邁步，身體重心移至左腿，成左弓步；同時，雙手握槍，向自己身體左後撥去。（圖 2-34）

5.甲方向前邁右腳，與左腳併步。乙方向前邁左腳，與右腳併步。雙方身體自然直立；左手握槍收於身體左側，槍尖朝上；右手自然下垂；兩人朝向相反而立於適當的距離；目視前方。成收勢。（圖 2-35、圖 2-36）

【注】動作3、4可以循環不斷，反覆練習，亦可變換兩腿練習，亦可乙方先動步紮槍。練習時兩槍要粘住，不丟不頂，不可脫離、碰撞。

太極纏槍裹藏八卦，內含五行，輕靈奧妙，千變萬化。練法自然，用法輕靈，以意運氣，粘連走化，捨己從人，不丟不頂。

圖 2-35

圖 2-36

歌訣：

八卦五行十三槍，天盤地盤內裏藏。

進退上下相貫串，不丟不頂纏繞之法如長江。

目視曠野天無涯，腹內鬆靜如大海。

手足相隨能進退，腰如車軸氣能蕩。

含胸拔背身內藏，以氣會意槍剛強。

後　記

　　《楊式太極劍槍》一書經過本人的反覆斟酌，在老師和朋友們的鼓勵下，經過兩年多努力最終寫作完成。

　　余追隨楊式太極拳第五代傳人任世嵐老師學習楊式太極拳、械數十年，深感中華太極拳術之博大精深。學習楊式太極拳、械可以使人身體健康，修身養性，陶冶性情，平添生活的樂趣。

　　余不善言辭，心智愚鈍，唯有精心研究，勤學苦練，將楊式太極拳、械繼承發揚，以回報我師、回報社會。

　　在本書的整理中，儘量保持傳統原貌，並力求通俗易懂。希望由本書的介紹，能為楊式太極拳、械愛好者的學習和成功起到墊腳石的作用。

　　由於本人的學識有限，對博大精深的武學領悟尚淺，書中難免有不足之處，懇請武學同道不吝賜教。

　　在此對長年來傳授我楊式太極拳、械的師爺傅鍾文先生、老師任世嵐先生、師伯傅聲遠先生、羅鶴雲先生、石月明先生表示衷心的感謝。

　　中國著名書畫家程永利先生為本書題寫書名、題詞和作序；美術設計師程瑤女士設計封面；楊慎平（弟）攝影；道友辛超陪練對槍；以及朋友沈貴君、路昌偉、孫勇、潘慶疆、吳宏偉、徐敬均給予了大力支持和幫助，在此一併致以真誠的謝意。

作者電話：（0）15996975251　　作者郵箱：yshtjq128@126.com

導引養生功

輕鬆學武術

彩色圖解太極武術

1 太極功夫扇
定價220元

2 武當太極劍
定價220元

3 楊式太極劍
定價220元

4 楊式太極刀
定價220元

5 二十四式太極拳+VCD
定價350元

6 三十二式太極劍+VCD
定價350元

7 四十二式太極劍+VCD
定價350元

8 四十二式太極拳+VCD
定價350元

9 楊式十六式太極劍
定價350元

10 楊氏二十八式太極拳+VCD
定價350元

11 楊式太極拳四十式+VCD
定價350元

12 陳式太極拳五十六式+VCD
定價350元

13 吳式太極拳五十六式+VCD
定價350元

14 精簡陳式太極拳八式十六式
定價220元

15 精簡吳式太極拳三十六式 拳架·推手
定價220元

16 夕陽美功夫扇
定價220元

17 綜合四十八式太極拳+VCD
定價350元

18 三十二式太極拳 四段
定價220元

19 楊式三十七式太極拳+VCD
定價350元

20 楊氏五十一式太極劍+VCD
定價350元

21 嫡傳楊家太極拳精練二十八式
定價220元

22 嫡傳楊家太極劍五十一式
定價220元

23 嫡傳楊家太極刀十三式
定價220元

養生保健

古今養生保健法 強身健體增加身體免疫力

1 醫療養生氣功 醫療養生氣功 定價250元	2 中國氣功圖譜 中國氣功圖譜 定價250元	3 少林醫療氣功精粹 少林醫療氣功精粹 定價250元

| 4 龍形實用氣功

龍形實用氣功
定價220元 | 5 魚戲增視強身氣功

魚戲增視強身氣功
定價220元 | 7 道家玄牝氣功

道家玄牝氣功
定價200元 |

| 8 仙家秘傳祛病功

仙家秘傳祛病功
定價160元 | 9 少林十大健身功

少林十大健身功
定價180元 | 10 中國自控氣功

中國自控氣功
定價250元 |

| 11 醫療防癌氣功

醫療防癌氣功
定價250元 | 12 醫療強身氣功

醫療強身氣功
定價250元 | 13 醫療點穴氣功

醫療點穴氣功
定價250元 |

| 14 中國八卦如意功

中國八卦如意功
定價180元 | 15 正宗馬禮堂養氣功

正宗馬禮堂養氣功
定價420元 | 16 秘傳道家筋經內丹功

秘傳道家筋經內丹功
定價300元 |

| 17 三元開慧功

三元開慧功
定價250元 | 18 防癌治癌新氣功

防癌治癌新氣功
定價180元 | 19 禪定與佛家氣功修煉

禪定與佛家氣功修煉
定價200元 |

| 20 顛倒之術

顛倒之術
定價360元 | 21 簡明氣功辭典

簡明氣功辭典
定價360元 | 22 八卦三合功

八卦三合功
定價230元 |

| 23 朱砂掌健身養生功

朱砂掌健身養生功
定價250元 | 24 抗老功

抗老功
定價230元 | 25 意氣按穴排濁自療法

意氣按穴排濁自療法
定價250元 |

| 27 健身祛病小功法

健身祛病小功法
定價200元 | 28 張氏太極混元功

張氏太極混元功
定價250元 | 30 中國少林禪密功

中國少林禪密功
定價200元 |

| 31 郭林新氣功

郭林新氣功
定價400元 | 32 八卦之源與健身養生

八卦之源與健身養生
定價280元 | 33 現代原始氣功

現代原始氣功
定價400元 |

| 34 養生開脈太極

養生開脈太極
定價300元 | 35 通靈功—養生祛病及入門功法

通靈功—養生祛病及入門功法
定價300元 | 37 太極內功養生法

太極內功養生法
定價180元 |

| 38 無極養生氣功

無極養生氣功
定價200元 | 39 氣的實踐小周天健康法

小周天健康法
定價200元 | |

太極跤

1 太極防身術
定價300元

2 擒拿術
定價280元

3 中國式摔角
定價350元

簡化太極拳

1 陳式太極拳十三式
定價200元

2 楊式太極拳十三式
定價200元

3 吳式太極拳十三式
定價200元

4 武式太極拳十三式
定價200元

5 孫式太極拳十三式
定價200元

6 趙堡太極拳十三式
定價200元

原地太極拳

1 原地綜合太極拳二十四式
定價220元

2 原地活步太極拳四十二式
定價200元

3 原地簡化太極拳二十四式
定價200元

4 原地太極拳十二式
定價200元

5 原地青少年太極拳二十二式
定價220元

6 原地兒童太極拳十捶十六式
定價180元

國家圖書館出版品預行編目資料

楊式太極劍槍 / 楊慎華　著
　　──初版，──臺北市，大展，2009〔民98.03〕
　　面；21公分 ──（武術特輯；106）
　　ISBN　978－957－468－672－8（平裝）

1.劍術　2.器械武術

528.974　　　　　　　　　　　　　　98000305

楊式太極劍槍

ISBN 978－957－468－672－8

著　　者/楊慎華
責任編輯/張建林
發 行 人/蔡森明
出 版 者/大展出版社有限公司
社　　址/台北市北投區（石牌）致遠一路2段12巷1號
電　　話/（02）28236031・28236033・28233123
傳　　眞/（02）28272069
郵政劃撥/01669551
網　　址/www.dah-jaan.com.tw
E－mail / service@dah-jaan.com.tw
登 記 證/局版臺業字第2171號
承 印 者/傳興印刷有限公司
裝　　訂/建鑫裝訂有限公司
排 版 者/弘益電腦排版有限公司
授 權 者/北京人民體育出版社
初版1刷/2009年（民98年）3月

定　　價/220元

大展好書　好書大展
品嘗好書　冠群可期

大展好書　好書大展
品嘗好書　冠群可期